Aula mágica

Mercedes Ferrer

Paloma Frattasi

Edinumen

EDITORIAL EDINUMEN

© Editorial Edinumen
© Pedro Tena Tena, Mercedes Ferrer, Paloma Frattasi

ISBN: 84-95986-30-2
Depósito Legal: M-10.895-2.003
Impreso en España
Printed in Spain

Coordinación colección:
Pedro Tena Tena

Ilustraciones:
Juan V. Camuñas

Diseño y maquetación:
Juanjo López

Impresión:
Gráficas Glodami. Coslada (Madrid)

Fotomecánica:
Reprografía Sagasta. Madrid

Editorial Edinumen
Piamonte, 7. 28004 - Madrid
Tfs.: 91 308 22 55 - 91 308 51 42
Fax: 91 319 93 09
e-mail: edinumen@edinumen.es
www.edinumen.es

Aula mágica

Este libro es de...

Nombre ....

Apellido(s) ....

Dirección ....

....

País ....

EDITORIAL EDINUMEN

Índice:

Actividades: antes de la lectura 5

Capítulo primero.
Peter y el libro de Historia 11

Capítulo segundo.
El palacio de La Alhambra 15

Actividades: con la lectura (I) 21

Capítulo tercero.
La escuela 27

Actividades: con la lectura (II) 33

Capítulo cuarto.
Vida cotidiana 37

Actividades: con la lectura (III) 43

Capítulo quinto.
Cena en palacio 47

Actividades: después de la lectura 55

Tarea final 59

Solucionario 61

Actividades:
antes de la lectura

¡Hola, amigos!:

Vais a conocer a dos niños que se llaman Boabdil y Peter. Boabdil es árabe. Vivió en España, en Granada, hace muchos, muchos años. Los árabes estuvieron en España durante siete siglos. No podemos escribir más ahora; tenéis que leer el cuento con nosotras para descubrir qué experiencia mágica vivió Peter con Boabdil y cómo era la vida de los árabes en ese tiempo.

Estamos seguras de que conocéis historias del mundo árabe: ¿sí? ¿Sabéis alguna palabra árabe? Para tener más información sobre la historia de España también podéis preguntar en casa a vuestros padres o a algún otro familiar. Y si tenéis fotografías, postales o dibujos de Granada, mucho mejor. ¿Vale? Pues… ¡a divertirnos!

1. Ahora vamos a jugar un poco. Aquí tienes un mapa de España. Colorea la región de Andalucía y sitúa Granada en el mapa.

2. ¿Te gustan estos dibujos? Intenta relacionarlos con los siguientes monumentos.

A. La Giralda de Sevilla

B. La Alhambra de Granada

C. La Torre del Oro de Sevilla

D. La Mezquita de Córdoba

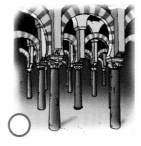

3. ● ¿Has visitado alguna vez esos monumentos o las ciudades donde se encuentran? ¿Conoces algún otro monumento árabe?

4. ● ¿Qué monumentos importantes hay en tu país o en tu ciudad? Menciónalos.

5. ● Peter, el otro protagonista en esta historia, es un niño inglés que vive en Mánchester, en el norte de Inglaterra, y va a conocer a Boabdil. ¿Dónde crees que se ven por primera vez?

6. ●¿Cómo imaginas que son Boabdil y Peter? Descríbelos físicamente. Si quieres, también puedes hacer un dibujo.

7. ● Ahora te presentamos algunas palabras que vas a conocer al principio de este cuento. Relaciónalas con sus definiciones:

1. Turbante •

2. Plaza •

3. Fuente •

4. Plantas exóticas •

5. Chilaba •

• **a** Lugar ancho y espacioso donde generalmente se reúnen las personas en un pueblo o ciudad.

• **b** Tela enrollada en la cabeza.

• **c** Prenda de vestir para cubrir todo el cuerpo que utilizan los árabes.

• **d** Lugar, artificial o natural, que permite salir el agua.

• **e** Plantas que proceden de un país lejano.

Capítulo primero

Peter y el libro de Historia

La tarde era aburrida para Peter. Después de la clase de Matemáticas venía la de Historia, que no era precisamente su asignatura favorita. **Peter** no era un mal estudiante, pero tampoco era de los mejores. El profesor de Historia, un hombre muy alto que siempre vestía de gris, muchas veces estaba de muy mal humor y se enfadaba cuando los alumnos no sabían contestar a sus preguntas. Por eso, Peter se sentaba siempre en la última fila de la **clase**, metiendo su nariz en el **libro**. Todos los días él quería evitar las preguntas del profesor. Esa tarde, su famosa táctica de camuflaje estaba teniendo éxito mientras el profesor levantaba la voz en la clase como un león en la jungla.

Entonces algo muy extraño sucedió. Al principio fue una pequeña mancha en una de las páginas del libro, junto al dibujo de una lámpara mágica. Peter pensó que era un poco de tinta de su bolígrafo. Pronto esa mancha empezó suavemente a ser más grande. Peter vio con miedo cómo todo era oscuro alrededor. Cerró los ojos y gritó. Cuando los volvió a abrir, descubrió que ya no estaba en la clase. Él estaba en medio de una extraña plaza llena de fuentes y de plantas exóticas. A su lado un niño lo miraba con atención.

– ¿Quién eres? –preguntó Peter.

– Yo soy **Boabdil**. ¿Y tú?, ¿cómo te llamas?

– Me llamo Peter, Peter Lloyd.

Boabdil era más o menos de la misma edad que Peter y más o menos de la misma altura. Tenía la piel morena, los ojos también oscuros, muy grandes, que lo miraban todo con curiosidad. Vestía una chilaba de color rojo con botones dorados; estaba adornada con dibujos de diferentes colores. También llevaba unos zapatos puntiagudos tan brillantes como el oro. Los rizos de su cabello estaban ligeramente ocultos por una especie de sombrero de color blanco, que pronto llamó la atención de Peter.

– ¿Por qué llevas eso en la cabeza? –preguntó Peter–. ¡Qué cosa más rara!

– Es un turbante.

A Peter la respuesta le pareció bien.

– ¿Y por qué vives en un libro?

Capítulo segundo
El palacio de La Alhambra

Boabdil se sorprendió ante la pregunta de **Peter**: ¿vivir en un **libro**?

- No, yo no vivo en un libro, vivo en **La Alhambra**. Está ahí arriba. ¿La ves?

- ¡**Qué sitio más guay!** ¿Esa es tu casa? –preguntó Peter con admiración.

- Sí, bueno... Es un **palacio**.

Peter pensó en su casa de **Mánchester**, tan diferente a este palacio.

- Aquí todo es como un sueño. Yo estaba en mi clase de Historia y, de repente, estoy hablando contigo. ¡**Es increíble!**

- ¿Qué es una **clase**? Esto no es una clase, es **Granada** –afirmó Boabdil.

- ¿Y qué es Granada? –preguntó Peter con

curiosidad.

– Granada es una ciudad de **Al-Ándalus**, en el sur de **España**. Nosotros somos árabes. Hemos estado aquí desde el siglo VIII de la era cristiana, y ahora estamos en el siglo XV.

Peter escuchaba con atención las palabras de Boabdil.

– ¿Quieres venir conmigo a conocer dónde vivo? –preguntó Boabdil.

Peter siguió a su nuevo amigo hasta llegar al palacio de **La Alhambra**, un lugar mágico y grandioso con rojos muros, que daban nombre al palacio, que en español significa **"La Roja"**. Cuando Peter entró, **sus ojos no podían imaginar** tanta belleza y tanto lujo. Había un inmenso jardín lleno de fuentes y flores de muchos colores. Estuvieron paseando durante unos veinte minutos más o menos. **Peter no podía creer lo que veía.** Las paredes tenían una especie de cuadros de cerámica de colores, llamados azulejos, que Peter no conocía. En el techo había unas enormes lámparas de cristal con grandes velas. Lo que más le impresionó fue el silencio del lugar, aunque había gente que iba y venía. De repente, Peter vio que al fondo de la habitación había cinco hombres sentados en el suelo, en cojines de seda y telas doradas y brillantes, sobre una gran alfombra de color rojo y azul. Estaban tomando té, y les ofrecieron una taza a Peter y a Boabdil. Un sirviente llenó sus vasos de cristal con una tetera de plata y les ofreció dulces y unas deliciosas pastas de queso llamadas almojábanas.

La verdad es que Peter tenía hambre, y sólo pensó en comer esos apetitosos dulces en compañía de su nuevo amigo.

Actividades:
con la lectura (I)

1. Lee estas 5 definiciones y relaciónalas con las palabras a las que se refieren. Después búscalas en la siguiente sopa de letras.

a. Tela de colores que se pone en el suelo para protegerse del frío.

b. Palacio lujoso donde vive Boabdil.

c. Pieza de decoración de colores.

d. Lugar para cultivar flores y plantas.

e. Bebida hecha de hojas, típica de los países árabes, Gran Bretaña,…

- [ ] jardín
- [ ] té
- [ ] Alhambra
- [ ] azulejo
- [ ] alfombra

```
H  R  J  O  T  V  A  Z  M  N  I  L  O  B  Q
Z  X  A  H  S  A  L  F  O  M  B  R  A  C  Y
P  A  R  U  G  U  V  H  W  A  D  X  P  O  I
T  K  D  B  T  H  J  M  A  Z  U  L  E  J  O
A  N  I  F  C  E  G  E  X  B  U  K  R  R  U
T  I  N  O  J  U  Q  W  Y  A  E  J  F  X  O
R  A  F  O  R  T  U  A  R  B  M  A  H  L  A
```

2. Di si son verdaderas o falsas las siguientes frases.

a Un siglo son cien años.

☐ verdadero   ☐ falso

b Granada está en Francia.

☐ verdadero   ☐ falso

c Peter no vive en Mánchester.

☐ verdadero   ☐ falso

d La Alhambra es un palacio pequeño.

☐ verdadero   ☐ falso

e Boabdil y Peter tomaron carne y fruta.

☐ verdadero   ☐ falso

f La almojábana es una torta de queso.

☐ verdadero   ☐ falso

3. El plural de andaluz es andaluces. Forma el plural de luz, tapiz, cruz, lápiz y voz.

Andaluz _andaluces_

Luz _____

Tapiz _____

Cruz _____

Lápiz _____

Voz _____

4. En el próximo capítulo vas a conocer dónde estudia Boabdil. Aquí tienes una superpalabra formada por siete palabras relacionadas con la escuela. Intenta separarlas.

pizarrasillamesaprofesorbolígrafoalumnoborrador

5. Busca en el diccionario las siguientes palabras: ALMOHADA, CORÁN, MAPA, MEZQUITA, SIRVIENTE. ¿Las entiendes? Pregunta a tu profesor si necesitas ayuda.

• Almohada:

• Corán:

• Mapa:

- Mezquita: _____

_____

- Sirviente: _____

_____

Capítulo tercero
La escuela

A **Peter** le encantó tomar té y esos deliciosos dulces con **Boabdil** en el suelo del palacio. Nunca se imaginó estar tan cómodo. Miró a su alrededor y vio a mucha gente que iba y venía para hacer diversas tareas. Unos llevaban grandes bandejas de plata llenas de comida; otros movían unas anchas plumas para dar aire a las personas que estaban en la sala.

– ¿Quiénes son? –preguntó Peter.

– Son los sirvientes, y también tenemos esclavos, que trabajan para mantener el palacio limpio y en orden –respondió Boabdil.

– ¿Y tú no tienes que limpiar tu habitación?

– No –respondió Boabdil–. Tengo un

sirviente que trabaja para mí y que duerme en mi habitación, en una alfombra. Si necesito algo durante la noche, él me ayuda.

Peter pensó por un momento en las discusiones con su madre, porque él no tenía siempre su habitación ordenada. ¡Qué suerte tienen estos niños!

– ¿Y vas al **colegio**? –preguntó Peter con curiosidad.

– ¿Qué es eso? –preguntó Boabdil.

– Un edificio donde hay muchas habitaciones que se llaman clases. ¿Recuerdas que me preguntaste antes qué era una **clase**? En cada una hay muchas sillas y mesas; una para cada niño. Allí aprendes Matemáticas, Geografía, etcétera.

– No, no hay colegios en **La Alhambra**. Hay pocos niños aquí, solamente los hijos de los consejeros de mi padre. Todos los días el maestro nos enseña a leer y a escribir con el Corán, el libro sagrado de nuestra religión, y nos cuenta historias. También aprendemos Cálculo y Gramática. Mi padre da monedas de oro y alimentos al maestro, que también vive en La Alhambra. Ven conmigo. Voy a enseñarte dónde aprendo cosas nuevas cada día.

Peter rápidamente se dio cuenta de que aquellos niños estudiaban en el suelo, sentados en una gran alfombra, sobre unas almohadas redondas de diferentes colores. En la sala tampoco había una pizarra ni objetos para jugar, sólo había una enorme bola similar a la bola del mundo pero sin países. El maestro estaba sentado en una silla en medio de la habitación con el Corán a su lado. Para Peter las letras de aquel libro eran muy raras, estaba escrito en árabe. Peter también vio unas pequeñas tablas de madera que usaban los niños para aprender a escribir. ¡Qué distinta era la clase de Boabdil! Su clase estaba llena de niños y niñas, y todos se sentaban en sus pupitres. Las paredes estaban llenas de dibujos que él mismo y sus compañeros hacían. Poco a poco, Peter se iba dando cuenta de las diferencias entre la vida de Boabdil y la suya.

— ¿Y no haces actividades extraescolares después del colegio? –preguntó Peter con curiosidad–. Yo voy a natación, kárate y a clases de español.

Boabdil miró con sorpresa a su nuevo amigo, y le dijo:

— ¿Kára… qué? No sé de qué me hablas.

— ¡Que si haces algo más que leer y escribir el Corán! –exclamó Peter.

— Ah, vale. Sí, también tenemos que rezar en la mezquita; y cuando entramos, tenemos que descalzarnos y lavarnos. A veces los adultos hacen reuniones allí. Además, por las tardes, voy con mi abuelo Ismael al taller de navegación; allí diseñan barcos y hacen mapas y también aprendo dónde están las ciudades en el mundo. Algunos días voy al taller de seda de Eleazar, donde hacen las telas para estos vestidos que llevamos.

Actividades:
con la lectura (II)

1. Aquí tienes dos resúmenes del capítulo que acabas de leer. ¿Cuál crees que es el mejor?

☐ **A.** Boabdil explica a Peter qué hace en la escuela. Peter le acompaña para ver cómo es. También le habla de las actividades extraescolares y la mezquita.

☐ **B.** Peter visita la escuela de Boabdil, donde hacen actividades, como kárate o natación, después de clase, y luego van a la mezquita para rezar.

2. Peter va a conocer un baño árabe. Ahora te presentamos una serie de sílabas. Si las combinas, podrás formar cinco palabras relacionadas con el baño. ¿Quieres intentarlo?

Ja	Du	Me	Ja
Fu	Cham	Per	Cha
Pú	Pon	Bón	Es

3. Por último, un juego. En muchos países las personas escriben y leen de izquierda a derecha. Cuando uno quiere escribir la lengua árabe, tiene que utilizarla de derecha a izquierda. Si deseas leer el texto siguiente, vas a pensar que es muy difícil saber qué dice. No hay problema: para conocer el mensaje tienes que leer las palabras de derecha a izquierda. ... Pero ¡ojo!: esto no es la lengua árabe; es sólo un modo de escribir y leer.

a y leer a enseña nos maestro el días los Todos nos y, sagrado libro el, Corán el con escribir y Cálculo aprendemos también, historias cuenta Gramática.

Todos los ...

Capítulo cuarto
Vida cotidiana

Después de visitar la sala donde **Boabdil** aprendía a leer y escribir el Corán, se dirigieron a su habitación. Era enorme y tenía una gran ventana con unos dibujos un poco raros. La cama era muy alta y ancha y estaba cubierta con una gran tela roja que brillaba mucho. A los pies de la cama, **Peter** pudo ver la alfombra donde dormía el sirviente de Boabdil; un sitio poco cómodo para dormir, pensó Peter, que compartía una litera con su hermano pequeño en **Mánchester**. Las paredes estaban cubiertas de azulejos de colores, como todas las habitaciones del palacio. No había puerta, solamente una cortina que la separaba de la habitación de al lado. Allí había tres grandes cofres de madera, donde Boabdil guardaba sus trajes; junto a la cama Peter pudo ver una mesa con una jarra de plata, y del techo colgaba una lámpara de bronce que poco tenía que ver con el flexo de la habitación de Peter.

De repente oyeron una voz.

– ¡Boabdil!

– ¡Oh, es mi madre! Se llama **Aixa**. Ven a conocerla.

La mujer se acercó a ellos y les saludó. Peter se quedó muy impresionado. La madre de Boabdil era muy joven, muy guapa y tenía el cabello negro y largo. Llevaba un vestido largo de color azul, lleno de piedras brillantes. Salieron los tres de la habitación y entraron en otra mucho más grande, donde había muchas mujeres. Peter no comprendía por qué las mujeres estaban en una habitación y los hombres en otra.

– ¡Qué traje tan bonito! ¿Siempre viste así?

– Bueno, en ocasiones especiales nuestros

trajes son más **lujosos** y las mujeres se adornan con **joyas**. La calidad de nuestros trajes es muy buena, porque cultivamos gusanos, unos pequeños

animales que producen un hilo brillante y suave. Ese hilo se llama seda. Eleazar la usa en su taller. Antes te hablé de Eleazar. ¿Te acuerdas?

Para Peter todo era muy extraño. Y preguntó otra vez:

– ¿Por qué huele tan bien tu madre?

– Bueno, creo que ha pasado la mañana en los baños del palacio con las demás mujeres de **La Alhambra**. Allí usan aceites y perfumes, como el ámbar natural y el sándalo, y esencias de flores, como rosa y violeta. Para nosotros el baño es muy importante –contestó Boabdil.

La utilidad de los baños en La Alhambra era muy diferente a la actual. También eran lugar de reunión y masaje. El ambiente que había en los baños era muy relajado, con suave música de flautas y laúdes. En el techo había unas pequeñas ventanas en forma de estrellas que iluminaban la sala. Eso no tenía nada que ver con la ducha rápida que su madre le exigía cada día, pensó Peter.

Actividades:
con la lectura (III)

1. Estás aprendiendo mucho de la cultura árabe. ¡Muy bien! Ahora agrupa estas palabras según el sentido al que corresponden:

Flautas   Laúdes   Perfume   Esencia

Masaje   Aceite   Voz

Oído	Tacto	Olfato

2. En el próximo capítulo vamos a conocer cómo era la comida árabe. Aquí tienes una serie de palabras que corresponden a alimentos. ¿Sabes ordenar sus letras?

Janaanr

Vohuse

Anp

Éfca

Tatemo

Arinohaza

3. Si ahora vamos al supermercado y queremos guardar los siguientes alimentos, ¿dónde los tenemos que clasificar? ¿Por qué no nos ayudas?

Leche	Manzana	Pollo	Atún
Ternera	Cebolla	Vino	Pera
Té	Cordero	Sardina	Lechuga
Trucha	Fresa	Salmón	Cerdo
Pimiento	Agua	Limón	Ajo

Fruta

Verdura

Carne

Pescado

Bebidas

4. ● ¿Cuáles de estos platos son árabes?

☐ Paella

☐ Cous-cous

☐ Chile con Carne

☐ Tabouleh

☐ Tortilla

☐ Pinchos morunos

5. ● ¿Conoces o has comido alguna vez algún plato árabe? ¿Sabes decir qué ingredientes lleva?

Capítulo cuarto
Cena en palacio

Peter y **Boabdil** siguieron hablando durante bastante tiempo.

– ¿Tienes hambre Peter? –le preguntó la madre de Boabdil.

– Sí –respondió.

– ¿Por qué no te quedas a cenar con nosotros? –insistió **Aixa**.

A Peter le pareció una excelente idea. ¡Imaginaos poder cenar en un palacio! ¿Cómo es la cena en un palacio? ¿Y el comedor? Peter vio en su fantasía exóticos y extraños platos.

– Vamos a la cocina, Peter, para ver cómo cocinamos –dijo Boabdil.

Peter siguió a su amigo y pronto se dio cuenta de que aquel olor era familiar para él.

– ¡Huele como los curries que hace mi madre! –dijo Peter.

Notó que allí, en el palacio de Boabdil, también cocinaban con especias, como azafrán, canela, cilantro, comino, jengibre o pimienta. En la cocina había muchos cocineros, vestidos también con chilabas de colores. Estaban preparando numerosos platos. Eso extrañó bastante a Peter. Él solamente estaba acostumbrado a comer un único plato para cenar, y casi siempre era lo mismo: patatas fritas con pescado o, también, verduras o pastel de carne.

Peter y Boabdil dieron una vuelta por la gran cocina de **La Alhambra**. Una cocinera estaba explicando a uno de los sirvientes cómo servir los platos.

– Primero lleva agua, y luego sirve la sopa. Después lleva la carne de cordero con verduras y, finalmente, las aves. De postre sirve buñuelos –explicó la cocinera.

– ¿Has probado alguna vez los buñuelos, Peter? –preguntó Boabdil.

– ¿Buñuelos? No, no sé qué es un buñuelo.

Boabdil invitó a Peter a pasar a la sala donde muchas personas comían. Era espectacular. Sobre la mesa había unos manteles y unas bonitas copas de cristal de colores. También había velas, que daban mucha luz a la sala. A los pocos minutos, los sirvientes comenzaron a traer bandejas llenas de comida y empezaron a comer. ¡Qué bueno estaba todo! ¡Y qué suerte tenía por estar en un palacio junto a un príncipe!

Siguieron comiendo y llegó la hora del postre. Los sirvientes trajeron los buñuelos. Peter cogió uno.

– ¡Están calientes! –dijo Peter.

– ¡Claro! –dijo Boabdil–. Los buñuelos se comen calientes.

Eran pequeños y tenían azúcar. Eran de un color marrón oscuro y a Peter le encantó su sabor.

Tras terminar de comer, fueron directamente a la cocina para tomar nota de la receta.

– Es muy fácil. Tienes que hacer lo siguiente: primero, prepara una masa con harina, agua y un poco de levadura. Añade un poco de sal y bastante aceite de oliva en una sartén grande. Luego echa un poco de la masa que hiciste antes y fríela hasta tener un color marrón oscuro. Finalmente, pon un poco de azúcar sobre los buñuelos y… ya están listos para comer.

Peter dio las gracias a la cocinera por la receta. Después salieron al patio para ir a la sala del té. Mientras caminaban, Peter vio una fuente con ocho estatuas de leones. A Peter le llamó la atención la boca abierta de uno de los animales echando agua. Cogió una piedra y quiso introducirla en la boca del león, pero falló. La piedra cayó en el agua y, rápidamente, empezaron a verse círculos grandes. Grandes. Muy grandes.

Sintió sueño, cansancio, y cerró los ojos. No era consciente del tiempo pasado, pero no fue difícil reconocer la voz de su profesor.

– Peter, ¿te has dormido?

– Lo siento. No sé qué ha pasado: Boabdil, La Alhambra,…

– Bueno, no quiero saber nada ahora. Mañana hablamos.

Peter llegó a casa y habló con su madre sobre los planes para el verano.

– ¿Qué te parece si vamos a **Benidorm**? –dijo su madre.

– ¿Y por qué no visitamos **Granada**? Me apetece conocer un palacio y comer cous-cous y buñuelos.

La madre de Peter no entendía nada. Peter tenía ahora nuevos intereses sobre las vacaciones.

– Bueno, bueno,… –dijo su madre.

Una sonrisa se dibujó en el rostro de Peter, y pensó en su amigo Boabdil.

Actividades:
después de la lectura

1. Busca cinco especias en la siguiente sopa de letras.

C	H	B	J	E	N	G	I	B	R	E	A	W	G	N
B	O	X	E	W	Y	O	R	Q	S	K	F	A	T	A
C	V	M	T	E	I	C	A	N	E	L	A	M	U	R
W	R	G	I	V	T	A	Q	E	Z	H	I	P	T	F
R	A	H	Q	N	W	A	N	R	I	U	V	Z	P	A
L	E	J	K	L	O	Q	Y	A	T	E	U	F	R	Z
A	T	N	E	I	M	I	P	R	I	P	O	T	N	A

2. Aquí tienes dos adivinanzas. ¿Sabes qué alimentos son?

La gallina lo pone,
en aceite se fríe,
y con pan se come.

Oro parece,
plata no es.
¿Qué es?

3. ● Vuelve a leer la receta de los buñuelos y elige los verbos que necesites para escribir una receta de tu país utilizando el modo imperativo.

4. ●¿Te ha gustado el final del libro? ¿Por qué no escribes otro final diferente?

Aula mágica
Tarea final

En esta lectura hemos tratado diferentes aspectos de la vida árabe en el siglo XV de la era cristiana. Junto con Peter hemos conocido a Boabdil, que fue el último rey de Granada, quien nos ha enseñado cómo vivía en La Alhambra.

Ahora, en clase, poned en común toda la información que tenéis. Cada grupo ha de dedicarse a uno de los aspectos que hemos visto en la lectura: el palacio de La Alhambra, la escuela, la vida cotidiana y la comida.

Buscad un título diferente para cada uno de los capítulos mencionados anteriormente y podéis hacer un póster, un cómic, páginas web, grabar un programa de radio con entrevistas, filmar un anuncio, hacer una obra de teatro o una fotonovela. Tenéis luego que destacar lo más importante utilizando todo tipo de recursos: dibujos, fotos, grabaciones,... Para ello podéis usar la información de la lectura y consultar libros, Internet, etc.

Al final, cada grupo tiene que hacer una exposición oral sobre el trabajo que ha realizado.

Aula mágica
Solucionario

Actividades:
antes de la lectura

1.

2

 (a) (b)  (c) (d)

3.
1. Turbante: **b**
2. Plaza: **a**
3. Fuente: **d**
4. Plantas exóticas: **e**
5. Chilaba: **c**

Actividades:
con la lectura (I)

1.

d	jardín	**c**	azulejo
e	té	**a**	alfombra
b	Alhambra		

H	R	J	O	T	V	A	Z	M	N	I	L	O	B	Q
Z	X	A	H	S	A	L	F	O	M	B	R	A	C	Y
P	A	R	U	G	U	V	H	W	A	D	X	P	O	I
T	K	D	B	T	H	J	M	A	Z	U	L	E	J	O
A	N	I	F	C	E	G	E	X	B	U	K	R	R	U
T	I	N	O	J	U	Q	W	Y	A	E	J	F	X	O
R	A	F	O	R	T	U	A	R	B	M	A	H	L	A

2.
a. ☒ verdadero
b. ☒ falso
c. ☒ falso
d. ☒ falso
e. ☒ falso
f. ☒ verdadero

3.
Andaluz: andaluces   Cruz: cruces
Luz: luces   Lapiz: lápices
Tapiz: tapices   Voz: voces

4.
Pizarra   Mesa   Bolígrafo   Borrador
Silla   Profesor   Alumno

5. Almohada: objeto que sirve para apoyar la cabeza, especialmente en la cama.

Corán: libro que contiene las revelaciones de Dios a Mahoma y que es fundamento de la religión musulmana.

Mapa: representación sobre un plano, de la superficie terrestre o de una parte de ella.

Mezquita: edificio en que los musulmanes practican sus ceremonias religiosas.

Sirviente: servidor o criado de otro.

Actividades:
con la lectura (II)

1. ☒ A.

2. JaBón   EsPonJa   PerFuMe
DuCha   ChamPú

3. Todos los días el maestro nos enseña a leer y a escribir con el Corán, el libro sagrado, y cuenta historias. También aprendemos Cálculo y Gramática.

Actividades:
con la lectura (III)

1.

Oído	 Tacto	 Olfato
flautas	masaje	perfume
laúdes		aceite
voz		esencia

2.

1. Janaanr: naranja	**4.** Tatemo: tomate
2. Vohuse: huevos	**5.** Arinohaza: zanahoria
3. Anp: pan	

3.

Fruta: fresa, limón, manzana, pera

Verdura: cebolla, lechuga, ajo, pimiento

Carne: cordero, pollo, tenera, cerdo

Pescado: atún, salmón, sardina, trucha

Bebidas: agua, leche, vino, té

4.

☒ Cous-cous

☒ Tabouleh

☒ Pinchos morunos

Actividades:
después de la lectura

1.

C	H	B	J	E	N	G	I	B	R	E	A	W	G	N
B	O	X	E	W	Y	O	R	Q	S	K	F	A	T	A
C	V	M	T	E	I	C	A	N	E	L	A	M	U	R
W	R	G	I	V	T	A	Q	E	Z	H	I	P	T	F
R	A	H	Q	N	W	A	N	R	I	U	V	Z	P	A
L	E	J	K	L	O	Q	Y	A	T	E	U	F	R	Z
A	T	N	E	I	M	I	P	R	I	P	O	T	N	A

2.

huevo   plátano

Títulos publicados

1. El castillo alfabético, Pedro Tena. *Gominola roja.*

2. El mensaje secreto, Valentina de Antonio. *Gominola azul.*

3. Aula mágica, Mercedes Ferrer, Paloma Frattasi. *Gominola naranja.*

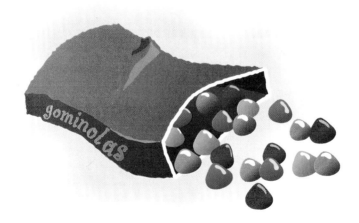